Voraussetzungen für die Prozessoptimierung im IT-Support Incident Management mittels KI

Welche Voraussetzungen erfordert die Automatisierung manueller Tätigkeiten im IT-Support Incident Management für den Support Level 1?

Ralf Heidig

Bibliografische Information der Deutschen Nationalbibliothek:

Die Deutsche Nationalbibliothek verzeichnet diese Publikation in der Deutschen Nationalbibliografie; detaillierte bibliografische Daten sind im Internet über http://dnb.d-nb.de abrufbar.

ISBN: 9783346714091
Dieses Buch ist auch als E-Book erhältlich.

Hochschule Fresenius

Fachbereich onlineplus

Studiengang: Wirtschaftsingenieurwesen Wirtschaft und Management (M.Eng.)

Hausarbeit

Voraussetzungen für die Prozessoptimierung im IT-Support Incident Management mittels KI

Welche Voraussetzungen erfordert die Automatisierung manueller Tätigkeiten im IT-Support Incident Management für den Support Level 1?

Ralf Heidig

Modul: Wissenschaftliches Arbeiten

Abgabedatum: 02.09.2022

Inhaltsverzeichnis

Abbildungsverzeichnis

Tabellenverzeichnis

Abkürzungsverzeichnis

1 Einleitung

Der IT-Support, auch Service Desk (SD) genannt, übernimmt in vielen Unternehmen bei infor-mations-technischen Problemen Hilfsmaßnahmen, so dass hilfesuchende Mitarbeiter schnellstmöglich wieder einsatzbereit sind. Die Hilfe leistenden Mitarbeiter, die sogenannten Service Desk Agenten, sind ein zentrales Element des IT-Service Incident-Management-Pro-zesses und sind von grundlegender Bedeutung für die Verbesserung des Prozesses und die Erreichung der Geschäftsziele. (Maggi et al. 2014, S. 457) (Orta et al. 2017, S. 371)

Durch die zunehmende Digitalisierung und dem Trend des Remote Working (Home-Office) steigt die Komplexität der IT-Infrastruktur und dementsprechend auch die An-zahl an Hilfean-fragen im IT-Support, was mit einer Erhöhung des Arbeitsvolumens und entsprechenden Ar-beitsdruck (die Anfragen sollen schnellstmöglich erfasst und gelöst werden) bei den Mitarbei-terInnen im SD einhergeht. Des Weiteren ist die Anzahl entsprechend verfügbaren Ressour-cen in Unternehmen stagnierend bis rückläufig, was zusätzlichen Druck aufbaut. Dies kann zu einer schlechteren Priorisierung von Vorfällen und Verzögerungen im Prozessablauf führen und in der Folge zu einer Abnahme der Servicequalität, da die Erwartungen Kunden vom Ser-vice Desk nicht erfüllt werden, was sich auf die Produktivität der Mitarbeiter im gesamten Un-ternehmen auswirkt. (Hoorpah et al. 2019, S. 67) (Frick et al. 2019a, S. 359)

Mit dem Einsatz von Künstlicher Intelligenz (KI) ist die Automatisierung von manuellen Tätig-keiten zur Unterstützung der SD-Mitarbeiter, Reduzierung des Arbeitsvolumens und -drucks möglich. Wodurch sich u.a. Vorteile wie eine reduzierte Prozess-Durchlaufzeit, verbesserte Service-Qualität, höhere Nutzerzufriedenheit und höhere Produktivität ergeben können. (Frick et al. 2019b, S. 357)

Um automatisierte KI Anwendungen erfolgreich einzusetzen und diese Vorteile zu erlangen müssen im Unternehmen erst die richten Voraussetzungen geschaffen werden. Daher be-schäftigt sich diese Arbeit mit der Frage:

Welche Voraussetzungen erfordert die Automatisierung manueller Tätigkeiten im IT-Support Incident Management für den Support Level 1?

Zur Beantwortung dieser Frage wird die literaturbasierte Methode angewandt, da mit dieser der aktuelle Stand der Forschung, mögliche Verbesserungspotenziale und deren Vorteile auf-zeigt werden können, sowie auf weiterführende Fragestellungen hingewiesen werden kann.

Dafür wird zunächst in der Einleitung der Bezug zum Thema für den Leser geschaffen, in dem die Problemstellung und Motivation der Forschungsfrage erläutert werden. Um diese Frage beantworten zu können werden die dafür notwendigen theoretischen Grundlagen in den Ka-piteln 2 bis 3 in einem deduktiven Vorgehen geschaffen.

In Kapitel 2 wird daher zunächst der IT-Support Incident Management Prozess beschrieben, seine Kernaspekte dargelegt und sein Prozessablauf aufgezeigt. Da der IT-Support und seine internen Prozesse aus modernen Unternehmen kaum mehr wegzudenken ist. (Maggi et al. 2014, S. 457) (Orta et al. 2017, S. 371)

Daran anknüpfend wird im technisch orientierten Kapitel 3 der Begriff der Künstlichen Intelligenz (KI) und seine Herkunft, seine Funktionsweise, Anwendungspotenziale, die Einsatzmöglichkeiten und bezugnehmen auf die vorhergehende Arbeit, die Vorteile durch den Einsatz von KI im Inicident Management erläutert und schafft damit den Übergang zu Kapitel 4 der Diskussion.

Nach dem im Grundlagen Teil (Kapitel 2 -3) aufgezeigten Wissen zum Prozess und der damit verknüpften Tätigkeiten, der eingesetzten Technologie mit Ihren Vorteilen und technischen Voraussetzungen, sowie der erforderlichen Bedingungen zur Automatisierung von Dienstleistungen durch KI. Wird in der Diskussion die Forschungsfrage beantwortet in dem die manuellen Tätigkeiten im Incident Management, die Anforderungen an die Mitarbeiter im SD und technischen Voraussetzungen untersucht werden.

Im abschließenden Kapitel 5 dem Fazit werden die Ergebnisse der Arbeit, mit Rückbezug zur in der Einleitung aufgezeigten Problemstellung, kurz Zusammengefasst und beendet den inhaltlichen Teil der Arbeit mit dem Aufzeigen weiterführender Fragestellungen für zukünftige Arbeiten.

2 IT-Support Incident Management Prozess

Für eine möglichst schnelle, effiziente und effektive Lösung gemeldeter Probleme im IT-Umfeld (sog. Incidents) und der Minderung von deren Auswirkungen auf den Geschäftsbetrieb dient der sog. IT-Support Incident Management Prozess. In diesem wird durch das Beheben von Incidents der störungsfreie Geschäftsbetrieb wiederhergestellt und somit die Kundenzufriedenheit (bzw. der der Mitarbeiter im Unternehmen) erhöht. Als weitere Vorteile des Incident Managements können die Identifikation von Serviceverbesserungen und -anforderungen genannt werden. (Frick et al. 2019, S. 357–361) (Cholakoska et al. 2021, S. 496)

2.1 Service Desk

Der Service Desk ist der Erstkontakt (auch 1. Stufe der IT-Hilfeleistung, der sog. First-Level Support, abgekürzt 1st-Level Support) für IT-Anfragen und Incidents aller IT-Nutzer innerhalb einer Organisation und gleichzeitig die Schnittstelle zwischen diesen und dem IT-Servicemanagement. Dort werden die Störungen und Anfragen entsprechend aufgenommene, in ein Ticketsystem übertragen und kategorisiert, so dass nachgelagerte Strukturen, wie Second- und Third-Level Support, unmittelbar die Störungen bearbeiten können. Für die Kontaktaufnahme stehen den Nutzern dabei verschiedene Kanäle zur Verfügung: (Castillo 2016, S. 18) (Frick et al. 2019, S. 359–361)

- Telefon (IT-Support Hotline)
- E-Mail (IT-Support E-Mail Postfach)
- Web (Self-Service, Support Website)
- App (Self-Service)

Der Service Desk dafür verantwortlich, die vom Benutzer gemeldete Anfrage (sog. Request) oder den Incident zu Dokumentieren, bei bekannten Vorfällen diese sofort zu lösen oder den weiteren Fortschritt offener Vorgänge zu Überwachen. Durch das Lösen bekannter Vorfälle im 1st-Level kann der Vorgang viel schneller geschlossen werden, als wenn er eskaliert (zum 2nd- oder 3rd-Level Support weitergeleitet) wird. Ebenfalls werden dabei auch weniger technische und somit günstigere Ressourcen eingesetzt, anstelle der im Vergleich teureren und spezialisierteren IT-Service-Management- und Entwickler-Teams im 2nd- und 3rd-Level Support. In der Verantwortlichkeit des 2nd-Level Supports liegen die Störungsuntersuchung und Diagnose sowie die Identifizierung möglicher Probleme. Im 3rd-Level Support werden die Fälle analysiert und bearbeitet welche die Kompetenzen des 2nd-Level übersteigen und bestehende Probleme gelöst, sowie Maßnahmen zur Vermeidung von Wiederauftreten der Incidents umgesetzt. (Castillo 2016, S. 18) (Frick et al. 2019, S. 362)

2.2 Prozessablauf

Im klassische Prozessablauf (siehe Abbildung 1) mit Fokus auf den First Level Support, wird zuerst der eingehende Incident aufgenommen und identifiziert. Hierbei werden grundlegende Details und relevante Daten zur Störung, betroffenen IT-System/Gerät und betroffene Nutzer aufgezeichnet. Eingehende Anfragen, die per E-Mail oder Anruf an den First Level Support adressiert sind, werden von SD-Agents angenommen und nachvollzogen. Die Dokumentation der eingehenden Meldungen im Service Desk findet über ein Ticketsystem statt, dabei wird der Incident (Frick et al. 2019, S. 361–363):

- kategorisiert (betroffener Service bzw. Software-Applikation),
- basieren auf seiner Dringlichkeit (viele Nutzer oder Führungskraft betroffen) priorisiert und
- gegen bekannte Fehler oder Probleme abgebildet

3

Abbildung 1: Incident-Management Prozess

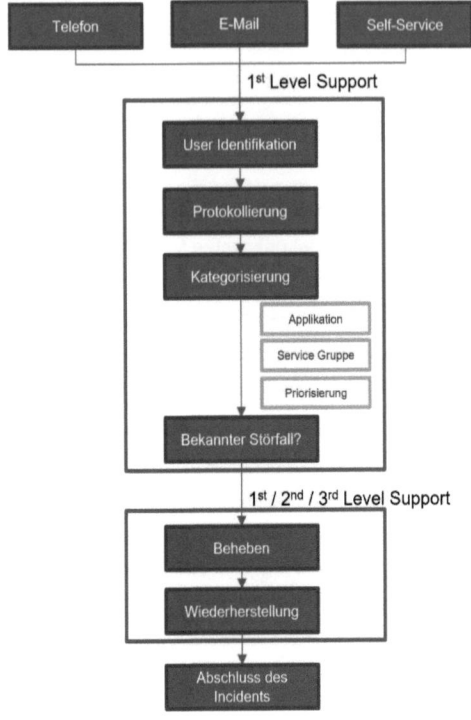

Quelle: eigene Darstellung in Anlehnung an (Frick et al. 2019, S. 361)

Mittels der Ticket-Software wird der gesamte Prozessablauf, beginnend mit der Identifikation von Incidents, bis hin zur Wiederherstellung des Service, unterstützt. Durch die darin enthaltenen Aufzeichnungen früherer Incidents und kann überprüft werden ob: (Frick et al. 2019, S. 363)

- als bereits gelöster Vorfall mit Lösungsbeschreibung dokumentiert ist oder
- der aktuelle Vorfall bereits bei anderen Nutzern in derselben oder in einer ähnlichen Form vorliegt,
- als offenes Problem bekannt ist oder
- noch gänzlich unbekannt ist

Ist für den Vorfall bereits eine Lösung oder ein Workaround bekannt, so löst der First Level Support diesen oder bietet dem Nutzer Hilfestellung zur Selbsthilfe (falls dieser die Hilfemaßnahmen selbständig umsetzen kann). Sollte der Incident noch unbekannt sein wird das Ticket eskaliert und an die entsprechenden Spezialisten im 2nd- oder 3rd-Level Support weitergeleitet. Dort wird der Vorfall im Detail analysiert und lösungsorientiert bearbeitet, so dass eine zeitnahe Behebung vollzogen werden kann. Dabei wird eine Lösung (Service ist wieder einsatzbereit, z.B. durch einen Workaround) oder eine Beseitigung (zusätzlich zur Lösung ist die Incident-Ursache ist behoben) beabsichtigt. Anschließend können Aktionen eingeleitet werden, um eine Wiederherstellung des Normalzustandes anzustoßen. Sind diese erfolgreich, wird die umgesetzte Lösung vom Benutzer bestätigt und an den Service Desk zurückgemeldet. Liegen dem Service Desk bereits mehrere gemeldete Vorfälle mit derselben Störungsbeschreibung vor, werden diese für die weitere Bearbeitung in einem übergeordneten Incident-Ticket zusammengefasst. Für diesen einheitlichen sich wiederholenden Vorgang sind täglich mehrere SD-Mitarbeiter in Vollzeit beschäftigt. (Castillo 2016, S. 63) (Frick et al. 2019, S. 362–363)

Wichtig ist dabei, dass alle die auf das Ticket zugreifen Einblick in seine Klassifizierung haben, um diesen die entsprechende Priorität zu geben. Noch besser, wenn das Ticket-System automatisch das Fälligkeitsdatum (entsprechend SLA und Priorität) berechnet und diese Informationen ebenfalls anzeigt. (Castillo 2016, S. 20)

Alle Vorfälle bleiben offen, bis sie behoben sind oder sie vom Nutzer storniert werden. Die Stornierung von Vorfällen kann auf die Erkenntnis des Benutzers zurückzuführen sein, dass es sich nicht um ein echtes Problemereignis handelt (z.B. durch Anwendungsfehler des Nutzers), dass das Serviceteam festgestellt hat, dass der Incident auf falsche Anwendung durch den Nutzer oder falsche Daten zurückzuführen ist, oder einfach darauf, dass der Dienst ohne Maßnahmen in seinen normalen Zustand zurückversetzt wurde (lässt sich i.d.R. auf falsches Nutzerverhalten zurückführen). (Castillo 2016, S. 63)

Incidents sollten innerhalb einer zulässigen Zeit (entsprechend SLA) behoben werden. Es kann aber auch vorkommen, dass die Ursache nicht leicht identifiziert werden kann, entweder weil sie völlig neu ist, komplexer Natur ist oder auf viele mögliche Faktoren zurückzuführen ist. In einem solchen Fall wird ein Problemticket vom zugewiesenen Team (meist im 2nd- oder 3rd-Level) erstellt und bleibt offen, bis die endgültige Ursache identifiziert ist. Ein Problemticket kann auch durch das Auftreten mehrere gleichartigen oder ähnlichen Vorfälle referenziert werden. Auch wenn das Problemticket offen bleibt, muss der Vorfall schnellstmöglich behoben werden, so dass möglicherweise Workarounds angewendet werden müssen, damit zumindest der Service noch erbracht werden kann. Sobald der Workaround durchgeführt ist, wird das Incident-Ticket geschlossen, das Problemticket jedoch bleibt offen, bis die Problemursache behoben ist. (Castillo 2016, S. 19)

Es ist wichtig, dass die Details zur Lösung von Incidents und Problemen in der Knowledge Base (KB) des Unternehmens dokumentiert werden. Diese behobenen Incidents, Probleme und Vorfälle mit Workarounds werden als bekannte Fehler bezeichnet und helfen bei der Anwendung identifizierter Lösungsmaßnahmen, wenn bereits bekannte Incidents erneut oder in ähnlicher Form auftreten, um damit die Anzahl gelösten Tickets im 1st-Level zu maximieren und die Ausfallzeiten von Services zu minimieren. (Castillo 2016, S. 19)

3 Künstliche Intelligenz

Künstliche Intelligenz (engl. artificial intelligence, AI) ist ein Sammelbegriff für Software, die komplexe mathematische Probleme lösen kann und gilt als Spitzentechnologie. Dieser Wissenschaftsbereich aus der Informatik befasst sich mit der Automatisierung von intelligentem Verhalten und hat zum Ziel Maschinen zu entwickeln, die durch Daten lernen können, um komplexe Probleme zu lösen und Aufgaben „intelligent" auszuführen. (Wittpahl 2019, S. 21) (Liu et al. 2021, S. 3154) (Döbel et al. 2018, S. 44) (Kuhn 2021, S. 364) (Khanagar et al. 2021, S. 509) (Müssig 2021, S. 36)

Im Bereich der künstlichen Intelligenz werden unterschiedliche Begrifflichkeiten nicht immer trennscharf genutzt. Vor allem da es Unterschiede in den Standpunkten zu den spezifischen Technologien und algorithmischen Ansätzen gibt ist es wichtig, um KI besser zu verstehen, einige dieser Begriffe unterscheiden zu können (siehe Abbildung 2). (Wennker 2020, S. 19) (Khanagar et al. 2021, S. 509) (Liu et al. 2021, S. 3154) (Wittpahl 2019, S. 21)

Abbildung 2: Kernaspekte Künstlicher Intelligenz

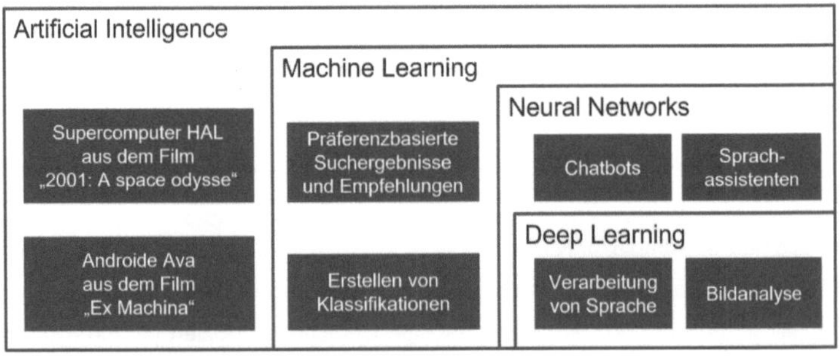

Quelle: eigene Darstellung in Anlehnung an (Khanagar et al. 2021, S. 509)

Artificial Intelligence / Künstliche Intelligenz, bezeichnet das Übertragen anspruchsvoller kognitiver Leistungen an Computeralgorithmen und gilt als die Fähigkeit von Maschinen eine eigene Form von Intelligenz aufzuweisen. Um Probleme zu lösen können diese Maschinen aus Daten lernen (Wennker 2020, S. 19) (Khanagar et al. 2021, S. 509) (Liu et al. 2021, S. 3154)

Machine Learning (ML), im Deutschen maschinelles Lernen, ist ein Teilaspekt von KI, mit dem Maschinen aus Daten lernen und damit Probleme ohne menschliches Zutun lösen können. Ermöglicht wird dies durch Algorithmen, die mit bestehenden Datensätzen trainiert werden, um darin Muster zu erkennen und anschließend mit diesen Prognosen treffen können. (Khanagar et al. 2021) (Kuhn 2021) (Wennker 2020, S. 19) (Bruhn und Hadwich 2021, S. 13)

Neural Networks, im Deutschen neuronale Netze, sind eine Reihe von Algorithmen, die Signale über künstliche Neuronen berechnen. Mit dem Ziel, dass diese wie das menschliche Gehirn funktionieren. Diese werden mit Hilfe von ML entwickelt und benötigen eine große Menge an Daten für ihr Training. (Khanagar et al. 2021) (Kuhn 2021) (Wennker 2020, S. 19)

Deep Learning, ist eine Komponente des maschinellen Lernens, die zur Analyse von Eingabedaten, die verschiedenen Rechenschichten eines tiefen neuronalen Netzwerks nutzt. Um damit ein neuronales Netzwerk aufzubauen, das automatisch Muster identifiziert und die Erkennung von Merkmalen verbessert. (Khanagar et al. 2021) (Kuhn 2021) (Wennker 2020, S. 19)

3.1 Entwicklungsprozess basierend auf ML

Darstellen lässt sich der dazugehörige Entwicklungsprozess wie in Abbildung 3. In dieser zeigen die inneren Pfeile die Abhängigkeiten zwischen den einzelnen Phasen an, während die Pfeile im äußeren Kreis die Entwicklung von Systemen des maschinellen Lernens nach der Bereitstellung und ihren iterativen Charakter anzeigen. Die Gruppe der ersten fünf Phasen wird auch als Entwicklungsphase bezeichnet und kann je nach Bewertungsergebnis mit unterschiedlichen Einstellungen wiederholt werden. (Jorge et al. 2003) (Nguyen et al. 2019) (Haakman et al. 2021)

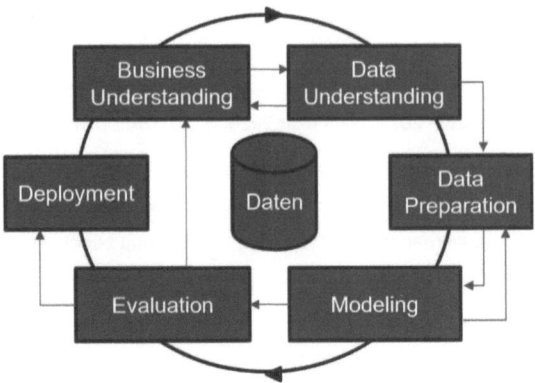

Derzeit gibt es für die Entwicklung von KI Anwendungen noch keinen allgemein gültigen Prozess, da in der Praxis jeder Anwendungsfall einen anderen Modellierungsbedarf (Problemstellung, verwendete Daten, Anwendungsbereich, etc.) hat. Für diese Arbeit wurde CRISP-DM (Cross-industry standard process for data mining) als Entwicklungsprozess gewählt, da es sich trotz seines Alters (Entwickelt in Jahre 2000) immer noch der De-facto-Standard für die Entwicklung von Data-Mining-Projekten ist und viele modernere Methoden wie TDSP (Team Data Science Process) große Gemeinsamkeiten dazu aufweisen. (Lukyanenko et al. 2019) (Li et al. 2020, S. 240–241)

Dieser Prozess ist untergliedert in die nachfolgenden sechs Phasen mit unterschiedlichen Aufgaben und Zielen unterteilt. Diese ermöglichen die Zwischenbewertung der Ergebnisse, eventuelle Neuplanungen und eine einfachere Zusammenarbeit. (Jorge et al. 2003) (Lavrač et al. 2004) (Nguyen et al. 2019) (Kessler und Gómez 2020) (Haakman et al. 2021):

- **Business Understanding**: Das Geschäftsverständnis basiert in der Regel auf bereits vor Projektbeginn definierten Problemstellungen und Datenbeschreibungen. Zusätzlich wird, falls nicht bereits vorhanden, weiteres Domainwissen eingeholt um die Zielgruppe, die zu lösende Problemstellung und die Projektziele definieren zu können. Von diesen Definitionen sind die nachfolgenden Phasen abhängig, da nur mit diesen die Auswahl der verwendbaren Datenquellen, die notwendigen Datenvorerarbeitungsschritte, der Kontext, in dem das fertige Model verwendet werden soll und welche Eingabedaten dort erwartet werden möglich sind. (Lavrač et al. 2004) (Nguyen et al. 2019) (Kessler und Gómez 2020) (Haakman et al. 2021)

- **Data Understanding**: Die Phase des Datenverständnis beginnt mit der Sammlung und Erfassung von geeigneten Daten, falls diese nicht schon vorliegen. Diese Daten werden basierend auf ihrer Dokumentation und mittels explorativer Datenanalyse (EDA) hinsichtlich Ihrer Qualität und des für die Nutzung erforderlichen Verarbeitungsaufwands bewertet, dies umfasst die Verwendung von graphischen Visualisierungen und Datenzusammenfassungen. Dies ist ein wichtiger Schritt, um die Machbarkeit des Projekts zu bewerten. (Lavrač et al. 2004) (Nguyen et al. 2019) (Kessler und Gómez 2020) (Haakman et al. 2021)
- **Data Preparation:** Phase der Datenaufbereitung (auch als Feature Engineering bezeichnet) in der die Daten für die weitere Verwendung zusammengeführt, aufbereitet, transformiert und validiert werden. Dabei wird das Datenset für das Modell-Training erstellt. (Lavrač et al. 2004) (Kessler und Gómez 2020) (Haakman et al. 2021)
- **Modeling**: Die Modellierung ist ein iterativer Prozess zur Identifizierung mathematischer oder logischer Objekte (Modelle). Dabei werden passend zu den Definitionen aus der Phase des Business Understanding verschiedene ML-Algorithmen ausgewählt und deren Parameter auf optimale Werte kalibriert (Jorge et al. 2003) Der zuvor erstellte Trainings-Datensatz wird dafür aufgeteilt in je einen Trainings- und Test-Datensatz und den ML-Algorithmen zum Trainieren, Lernen und Validieren zugeführt. (Singh et al. 2020) In einem experimentellen Prozess werden verschiedene Parametervarianten angewendet, um eine passende Kombination für die definierte Problemstellung und Projektziele zu finden. Dabei kann es zu umfangreichen Wiederholungen des Modellauswahl Test Bewertungszyklus kommen. Bei sehr großen Datenmengen kann diese Phase sehr viel Zeit und Rechenleistung benötigen. (Lavrač et al. 2004) (Nguyen et al. 2019) (Kessler und Gómez 2020)
- **Evaluation**: Die Evaluierungsphase dient zur Entscheidungsfindung, welches der erstellten ML-Model für die Bereitstellungsphase ausgewählt wird. Dabei wird unter verschiedenen Kriterien bewertet ob die Model-Performance der Modelle die Projektziele und -anforderungen erfüllen. Zudem werden auch die Ergebnisse der Modelle interpretiert, indem die von den Lernalgorithmen erzeugten Strukturen in eine für Geschäftsanwender zugängliche Sprache umgewandelt werden. (Lavrač et al. 2004) (Nguyen et al. 2019) (Kessler und Gómez 2020)
- **Deployment**: Die Bereitstellungsphase, auch Produktionsphase genannt, beinhaltet die Verwendung eines trainierten ML-Modells. (Lavrač et al. 2004) (Nguyen et al. 2019) (Kessler und Gómez 2020)

3.2 Einsatzmöglichkeiten und Anwendungspotenziale

Bei KI handelt es sich um eine Querschnittstechnologie, deren Einsatz sich in unterschiedlichen Systemen und Prozessen manifestieren kann. Dadurch können vielfältige, isolierte oder kombinierte Einsatzfelder entstehen, die im alltäglichen Leben bereits als selbstverständlich angesehen werden (siehe Tabelle 1). (Kreutzer/Sirrenberg 2019 in (Tombeil et al. 2020, S. 143)).

Tabelle 1: Beispiele für KI im Alltag

Anwendung	Alltag	KI-Unterstützung
Suchmaschine	• Informationen zu Produkten, Ernährung, Verkehr und Freizeit	• Semantische Erfassung der Inhalte von Webseiten • Erfassen persönlicher Interessen und Anforderungen
Verarbeitung von Text	• Automatisches Analysieren und Ausfüllen von Dokumenten	• Semantische Erfassung von Text
Verarbeitung von Nutzerdaten	• Vorauswahl von Musik, Videos und Produkten basierend auf individuellen Präferenzen	• Klassifizierung von Inhalten • Erfassen individueller Vorlieben und Abneigungen
Chatbots (techn. Dialogsysteme)	• Bedienung von Geräten und Software • Beantwortung einfacher Anfragen	• Sprachverarbeitung

Quelle: eigene Darstellung in Anlehnung an (Müssig 2021, S. 39)

Beispiele für solche Einsatzfelder sind u.a. (Li et al. 2020, S. 240–241) (Tombeil et al. 2020, S. 143–144) (Müssig 2021, S. 36) (Bruhn und Hadwich 2021, S. 32):

- **Suchmaschinen**
- **Bilderkennung**
- **Texterkennung**
- **Spracherkennung**
- **Automatische Klassifikation** von Rechnungen, Bestellungen, Schadensmeldungen oder Kostenvoranschlägen in der Sachbearbeitung
- **technische Dialogsysteme (Chatbots)** z.B. für den Kundensupport oder als Eingabehilfe
- **Expertensysteme**, bei denen unterschiedliche Informationen erfasst, gespeichert und bearbeitet werden, um Empfehlungen und Handlungsanweisungen abzuleiten
- **Digitale Assistenten** (z.B. „Ok Google", „Siri" von Apple oder „Amazon Echo")

Daraus ergeben sich u.a. die folgenden Potenziale (Tombeil et al. 2020) (Bruhn und Hadwich 2021, S. 30):

- ein sehr breites Anwendungsspektrum, vom Finanzwesen (automatisierte Kreditvergabe), Gesundheitswesen (Erkennung von Krankheitsbildern), in der industriellen Fertigung (Predictive Maintenance), und viele mehr

- können Menschen in Ihrer Arbeit ergänzen, unterstützen oder auch komplett ersetzen und eigenständig eingesetzt werden
- bieten Impulse für Innovationen wie neue Produkte oder gar neue Geschäftsmodelle auf Basis dieser Technologie die Geschäfts- und Anwendungsmöglichkeiten in der Branche steigen (z.B. Smart Healthcare, Robo Advisors, etc.)
- nachhaltige Verbesserung der Entscheidungsqualität, durch eine schnellere und auch reproduzierbaren Entscheidungsfindung (in einem zuvor spezifizierten Anwendungsfeld), da durch einen standardisierten, mechanischen Prozess keine äußeren Faktoren einwirken (z.B. persönliche Vorurteile, aktuelle Gefühlslagen, etc.) (Bruhn und Hadwich 2021, S. 30)

4 Diskussion

In den vorherigen Kapiteln wurden die Grundlagen zum Incident Management Prozess und KI aufgezeigt. Mit Hilfe dieser lässt sich die eingangs aufgestellt Forschungsfrage zu den Voraussetzungen für die Automatisierung manueller Tätigkeiten im Incident Management beantworten. Dazu werden nachfolgend die manuellen Tätigkeiten im Incident Management beschrieben und die damit verbundenen Voraussetzungen abgeleitet.

Basierend auf den Erkenntnissen aus Kapitel 2, handelt es sich allgemein um die folgenden manuellen Tätigkeiten (Frick et al. 2019, S. 363–369) (Frick et al. 2019, S. 363) (Tombeil et al. 2020, S. 143–144) (Li et al. 2020, S. 240–241) (Müssig 2021, S. 36):

- Anlegen eines Incident-Tickets
- Protokollierung der Interaktionen mit den Nutzern (z.B. per Mail, Chat oder Telefon)
- Inhalte aus den Interaktionen mit den Nutzern sachlogisch erfassen und zuordnen
- Kategorisierung, Klassifikation und Weiterleitung von Incidents
- Abgleichen der aktuellen Störmeldung mit bereits im System erfassen Meldungen
- Abgleich der aktuellen Problembeschreibung mit vorhandenen Lösungsbeschreibungen in der Knowledge Base

Um diese Tätigkeiten mittels KI Anwendungen zu automatisieren müssen diese in einzelne Teilschritte zerlegt und analysiert werden, um Ihren Input-/Output-Beziehungen und dabei verarbeiteten Daten offen zu legen. Mit diesen Informationen können die für die Automatisierung der Tätigkeiten zu verwendenden Algorithmen ausgewählt und die Anforderungen an die Qualität und Beschaffenheit der Daten definiert werden. Ebenso können dadurch Kategorien für die Klassifizierung der Incidents, Schlüsselbegriffe für den Abgleich der Problembeschreibungen mit bekannten Vorfällen und der Knowledge Base, sowie Regeln für die Weiterleitung an höhere Service-Level definiert werden.

Um einen fehlerfreien Betrieb der KI zu gewährleisten sind die von Menschen an die KI über-gebenen Daten und die jeweilige Datenerfassung zu standardisieren. Die Schnittstellen zwi-schen KI-System und Mensch sollten dabei immer so einfach wie möglich gestaltet sein. Damit ein menschlicher Prozessverantwortlichen ohne Probleme, den Zustand und Prozessfort-schritt der KI verfolgen und um die Qualität des Prozesses durch rechtzeiges Eingreifen si-cherstellen kann. Ebenso ist darauf zu achten, dass die KI bei Unsicherheiten aktiv eine Ent-scheidung von diesen einfordert. (Bruhn und Hadwich 2021, S. 278–279)

Neben der Datenvielfalt ist auch die erforderliche Rechenleistung der für die KI eingesetzten Computern zu gewährleisten. Ausschlaggeben ist dies vor allem während der Entwicklung der KI, da diese während ihres Trainings eine große Menge an Daten auf einmal verarbeitet. Im laufenden Betrieb ist mehr die Möglichkeit zur parallelen Ausführung der KI zu berücksichtigen, da viele Anwender einige Daten der KI zur Auswertung übergeben. Beides ist für eine stet aktuelle KI erforderlich, da diese dafür regelmäßig mit neuen Daten nach trainiert werden muss. (Bruhn und Hadwich 2021, 11 & 278) (Frick et al. 2019, S. 368–369)

Vor dem produktiven Einsatz, sollten mögliche Konsequenzen bei Teil- oder Komplettausfall der KI simuliert, die resultierenden Folgen des Ausfalls abgeschätzt und entsprechende Re-aktionsverfahren erarbeitet werden. (Bruhn und Hadwich 2021, S. 278)

Damit Mitarbeiter mit der KI fehler- und vorurteilsfrei zusammen arbeiten können, ist ein be-stimmtes Grundverständnis über die Abläufe und Funktionsweise der KI erforderlich. Daher sollte während der Entwicklung und Einführung von KI-Anwendungen transparent mit den be-troffenen Mitarbeitern kommuniziert werden. Um einerseits Boykotte seitens der Mitarbeiter zu vermeiden und andererseits können KI-Anwendungen nur dann gewinnbringend eingesetzt werden wenn die Mitarbeiter die Nützlichkeit dieser erkennen.

(Frick et al. 2019, S. 368) (Bruhn und Hadwich 2021, S. 277)

Diese Arbeit zeigt Voraussetzungen für den Einsatz von KI zur Automatisierung manueller Tätigkeiten im Incident Management auf, jedoch nicht wie die entsprechenden KI-Anwendun-gen umgesetzt werden und welche Auswirkungen sich daraus auf die Arbeit im IT Support ergeben. Weiterführende Arbeiten können, aufbauend auf dieser Arbeit, Voraussetzungen für die Support Level 2 und 3 im Service Desk, die Entwicklung der jeweiligen KI Anwendungen und die resultierenden Auswirkungen näher untersuchen. Des weiteren können die mit der Verwendung von KI einhergehenden ethischen Herausforderungen genauer analysiert und entsprechende Gegenmaßnahmen abgeleitet werden.

5 Fazit

Die hier vorliegende Arbeit zeigt die notwendigen Voraussetzungen für die Automatisierung manueller Tätigkeiten im IT-Support Incident Management (für den Support Level 1) durch KI auf und warum diese erforderlich sind.

In dieser Arbeit zeigt sich, dass der Prozess mit seinen Teilschritte inklusive der Input-/Output-Beziehung der verarbeiteten Daten bekannt und standardisiert sein muss. Ebenso muss dieses Wissen betroffenen Mitarbeiter bekannt sein für eine gewinnbringenden Nutzung der KI. Um einen stabilen Regelbetrieb der KI zu gewährleisten, ist zudem auf eine entsprechende IT technische Infrastruktur und vorbereitete Reaktionsszenarien für Ausfälle der KI zu achten.

Weiterführende Arbeiten können mit dieser Grundlage Voraussetzungen für die Automatisierung im Support Level 2 und 3 des Service Desk, die Umsetzung der Automatisierung manueller Tätigkeiten, sowie resultierende Auswirkungen und ethische Herausforderungen näher untersuchen.

6 Literaturverzeichnis

Bruhn, Manfred; Hadwich, Karsten (2021): Künstliche Intelligenz im Dienstleistungsmanagement – Anwendungen, Einsatzbereiche und Herangehensweisen. In: Manfred Bruhn und Karsten Hadwich (Hg.): Künstliche Intelligenz im Dienstleistungsmanagement. Wiesbaden: Springer Fachmedien Wiesbaden, S. 2–49.

Castillo, Francisco (2016): Managing Operations. In: Francisco Castillo (Hg.): Managing Information Technology. Cham: Springer International Publishing, S. 17–84.

Cholakoska, Ana; Shushlevska, Martina; Todorov, Zdravko; Efnusheva, Danijela (2021): Analysis of Machine Learning Classification Techniques for Anomaly Detection with NSL-KDD Data Set. In: Radek Silhavy, Petr Silhavy und Zdenka Prokopova (Hg.): Data Science and Intelligent Systems, Bd. 231. Cham: Springer International Publishing (Lecture notes in networks and systems, 231), S. 258–267.

Döbel, Inga; Leis, Miriam; Molina Vogelsang, Manuel; Welz, Juliane; Neustroev, Dmitry; Petzka, Henning et al. (2018): Maschinelles Lernen. Eine Analyse zu Kompetenzen, Forschung und Anwendung. Hg. v. Fraunhofer-Gesellschaft zur Förderung der angewandten Forschung e.V. München. Online verfügbar unter http://publica.fraunhofer.de/dokumente/N-497408.html, zuletzt geprüft am 23.09.2021.

Frick, Nicholas; Brünker, Felix; Ross, Björn; Stieglitz, Stefan (2019): Der Einsatz von künstlicher Intelligenz zur Verbesserung des Incident Managements. In: *HMD* 56 (2), S. 357–369. DOI: 10.1365/s40702-019-00505-w.

Haakman, Mark; Cruz, Luís; Huijgens, Hennie; van Deursen, Arie (2021): AI lifecycle models need to be revised. In: *Empir Software Eng* 26 (5), S. 1–29. DOI: 10.1007/s10664-021-09993-1.

Jorge, Alípio; Moyle, Steve; Blockeel, Hendrik; Voß, Angi (2003): Data Mining Processes and Collaboration Principles. In: Dunja Mladenić, Nada Lavrač, Marko Bohanec und Steve Moyle (Hg.): Data Mining and Decision Support. Integration and Collaboration. New York: Springer Science+Business Media (The Springer International Series in Engineering and Computer Science, 745), S. 63–78.

Kessler, René; Gómez, Jorge Marx (2020): Implikationen von Machine Learning auf das Datenmanagement in Unternehmen. In: *HMD* 57 (1), S. 89–105. DOI: 10.1365/s40702-020-00585-z.

Khanagar, Sanjeev B.; Al-Ehaideb, Ali; Maganur, Prabhadevi C.; Vishwanathaiah, Satish; Patil, Shankargouda; Baeshen, Hosam A. et al. (2021): Developments, application, and performance of artificial intelligence in dentistry - A systematic review. In: *Journal of dental sciences* 16 (1), S. 508–522. DOI: 10.1016/j.jds.2020.06.019.

Kuhn, Michael (2021): Big Data, AI und die Freude am Ingenieurwesen. In: *Chemie Ingenieur Technik* 93 (3), S. 364–372. DOI: 10.1002/cite.202000221.

Lavrač, Nada; Motoda, Hiroshi; Fawcett, Tom; Holte, Robert; Langley, Pat; Adriaans, Pieter (2004): Introduction: Lessons Learned from Data Mining Applications and Collaborative Problem Solving. In: *Machine Learning* 57 (1/2), S. 13–34. DOI: 10.1023/B:MACH.0000035516.74817.51.

Li, Mahei Manhai; Bronner, Esther; Peters, Christoph; Leimeister, Jan Marco (2020): Künstliche Intelligenz und menschliche Kompetenz zur Automatisierung und Personalisierung von Dienstleistungen am Beispiel des Support. In: Manfred Bruhn und Karsten Hadwich (Hg.): Automatisierung und Personalisierung von Dienstleistungen. Methoden - Potenziale - Einsatzfelder. Band 2. Wiesbaden: Springer Fachmedien Wiesbaden, S. 235–251.

Liu, Na; Shapira, Philip; Yue, Xiaoxu (2021): Tracking developments in artificial intelligence research: constructing and applying a new search strategy. In: *Scientometrics* 126 (4), S. 3153–3192. DOI: 10.1007/s11192-021-03868-4.

Lukyanenko, Roman; Castellanos, Arturo; Parsons, Jeffrey; Chiarini Tremblay, Monica; Storey, Veda C. (2019): Using Conceptual Modeling to Support Machine Learning. In: Cinzia Cappiello und Marcela Ruiz (Hg.): Information Systems Engineering in Responsible Information Systems. Cham, 2019. Cham: Springer International Publishing, S. 170–181.

Müssig, Carsten (2021): Künstliche Intelligenz für Lernende und Lehrende. In: *Pflege Zeitschrift* 74 (6), S. 36–40. DOI: 10.1007/s41906-021-1052-4.

Nguyen, Giang; Dlugolinsky, Stefan; Bobák, Martin; Tran, Viet; López García, Álvaro; Heredia, Ignacio et al. (2019): Machine Learning and Deep Learning frameworks and libraries for large-scale data mining: a survey. In: *Artif Intell Rev* 52 (1), S. 77–124. DOI: 10.1007/s10462-018-09679-z.

Singh, Archana; Sharma, Apoorva; Dubey, Gaurav (2020): Big data analytics predicting real estate prices. In: *Int J Syst Assur Eng Manag* 11 (S2), S. 208–219. DOI: 10.1007/s13198-020-00946-3.

Tombeil, Anne-Sophie; Kremer, David; Neuhüttler, Jens; Dukino, Claudia; Ganz, Walter (2020): Potenziale von Künstlicher Intelligenz in der Dienstleistungsarbeit. In: Manfred Bruhn und Karsten Hadwich (Hg.): Automatisierung und Personalisierung von

Dienstleistungen. Methoden - Potenziale - Einsatzfelder. Band 2, Bd. 2. Wiesbaden: Springer Fachmedien Wiesbaden, S. 135–154.

Wennker, Phil (2020): Künstliche Intelligenz in der Praxis. Impulse, wie Sie effizient und wettbewerbsfähig bleiben (AT). 1. Auflage 2020. Wiesbaden: Springer Fachmedien Wiesbaden.

Wittpahl, Volker (2019): Künstliche Intelligenz. Brger, unternehmen, staat. Berlin, Heidelberg: Springer Berlin Heidelberg.

BEI GRIN MACHT SICH IHR WISSEN BEZAHLT

- Wir veröffentlichen Ihre Hausarbeit,
  Bachelor- und Masterarbeit

- Ihr eigenes eBook und Buch -
  weltweit in allen wichtigen Shops

- Verdienen Sie an jedem Verkauf

Jetzt bei www.GRIN.com hochladen und kostenlos publizieren